PS-005

Music for Marimba

MARIMBA SOLO

マリンバ独奏

JN227858

MICHI Paraphrase

for Solo Marimba

Keiko Abe

道・パラフレーズ

～ソロマリンバのための～

安倍 圭子

Duration : ca.7′10″

MICHI Paraphrase

for Solo Marimba

道・パラフレーズ～ソロ・マリンバのための～

Keiko Abe
安倍 圭子

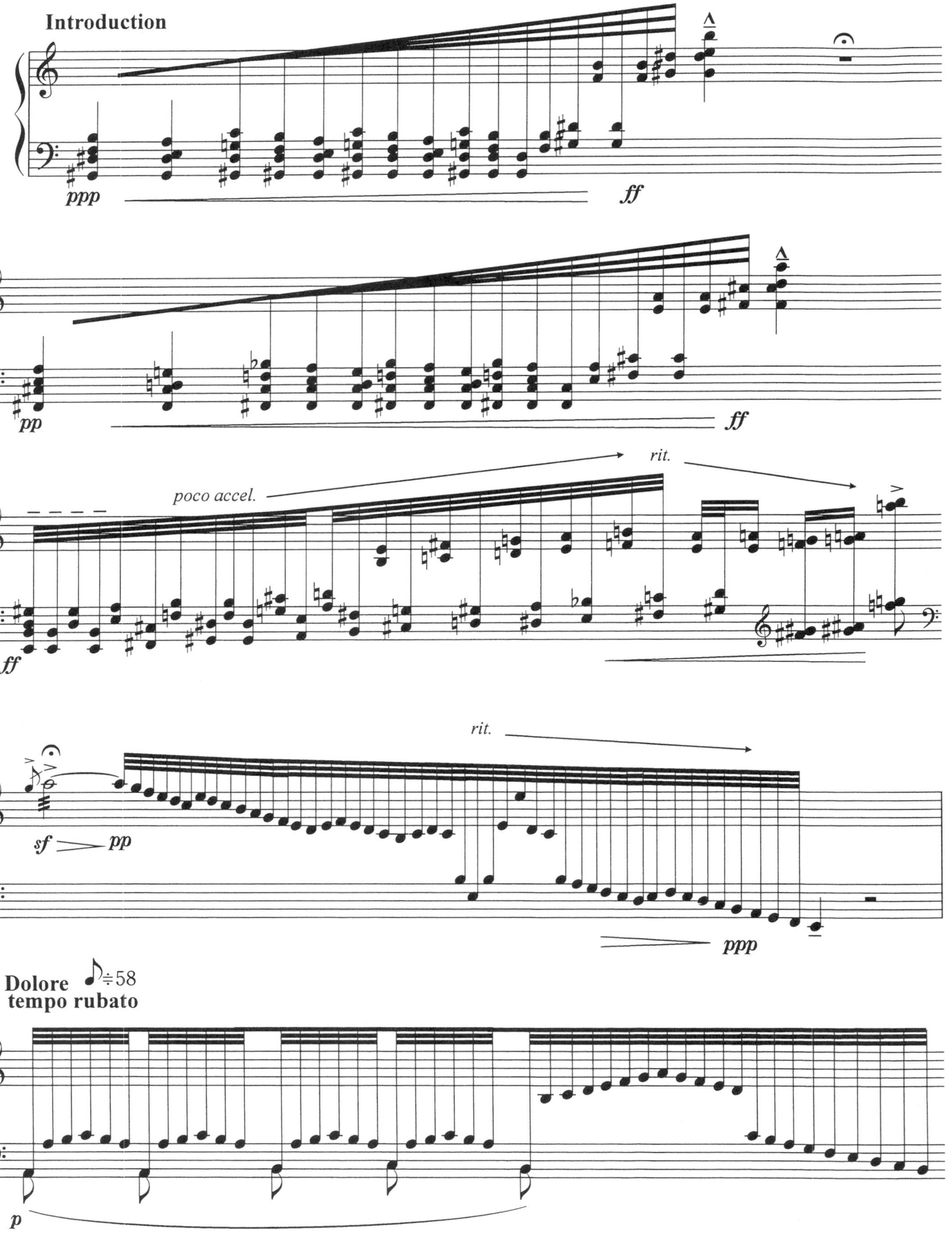

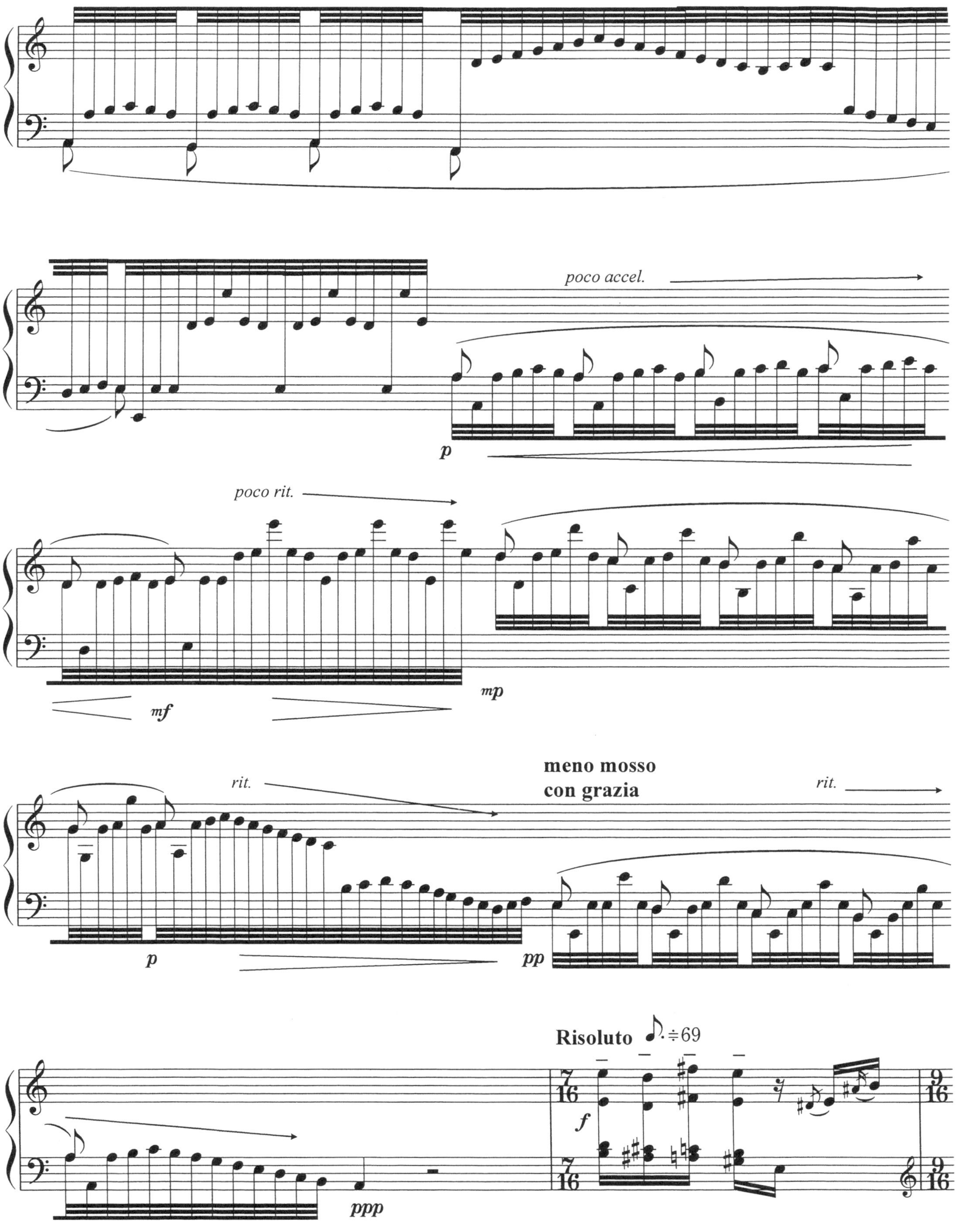
poco accel.
p
poco rit.
mf
mp
rit.
meno mosso
con grazia
rit.
p
pp
ppp
Risoluto ≒69
f

f
rit.
ff
fff
sf
sf
Appassionato
pesante
accel.
♪. ≒ 84
ff
mf
f

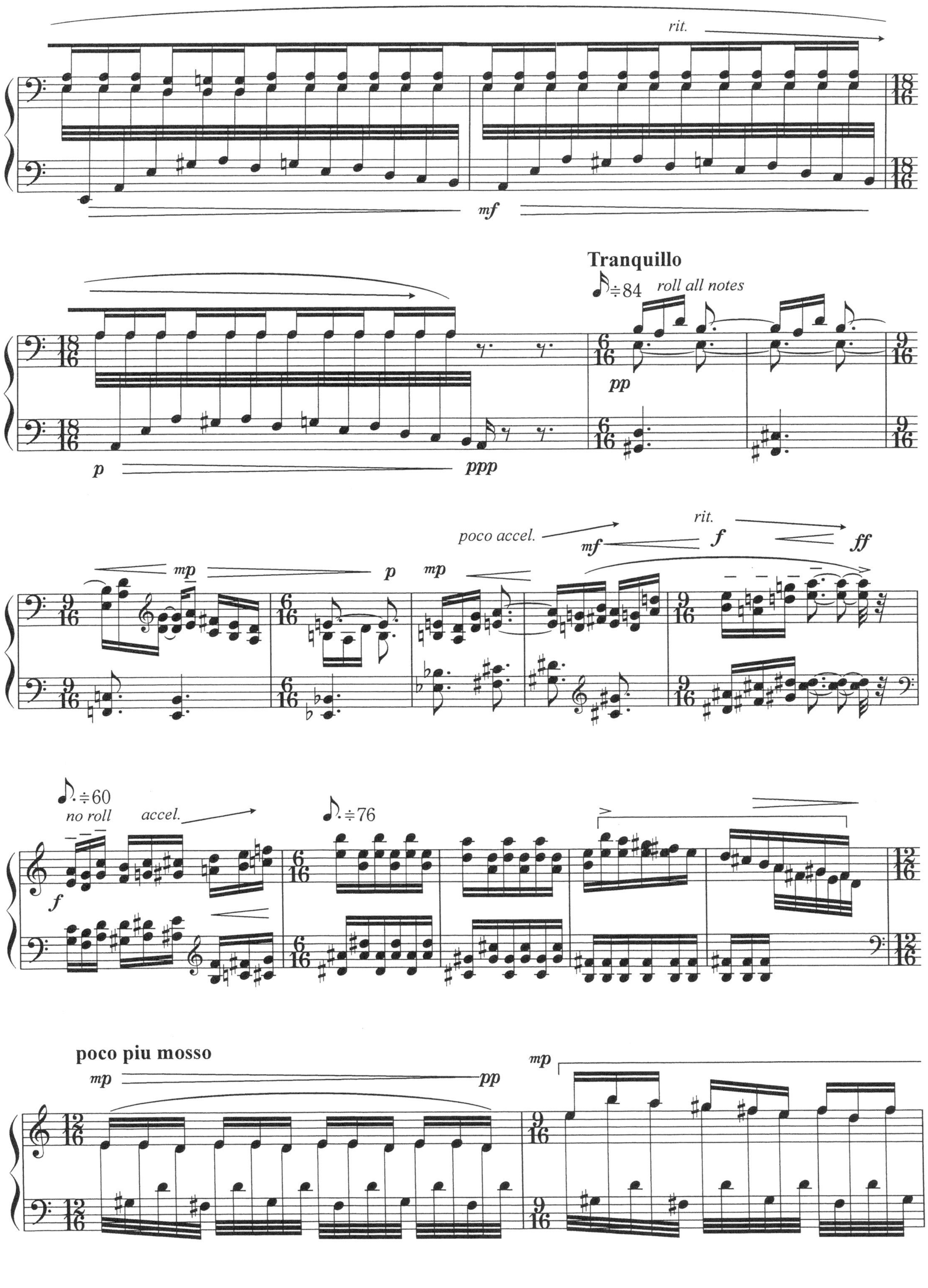
rit.
mf
Tranquillo
♪ ≑ 84
roll all notes
pp
p
ppp
poco accel.
rit.
mf
f
ff
mp
p
mp
♪. ≑ 60
no roll
accel.
f
♪. ≑ 76
poco piu mosso
mp
pp
mp

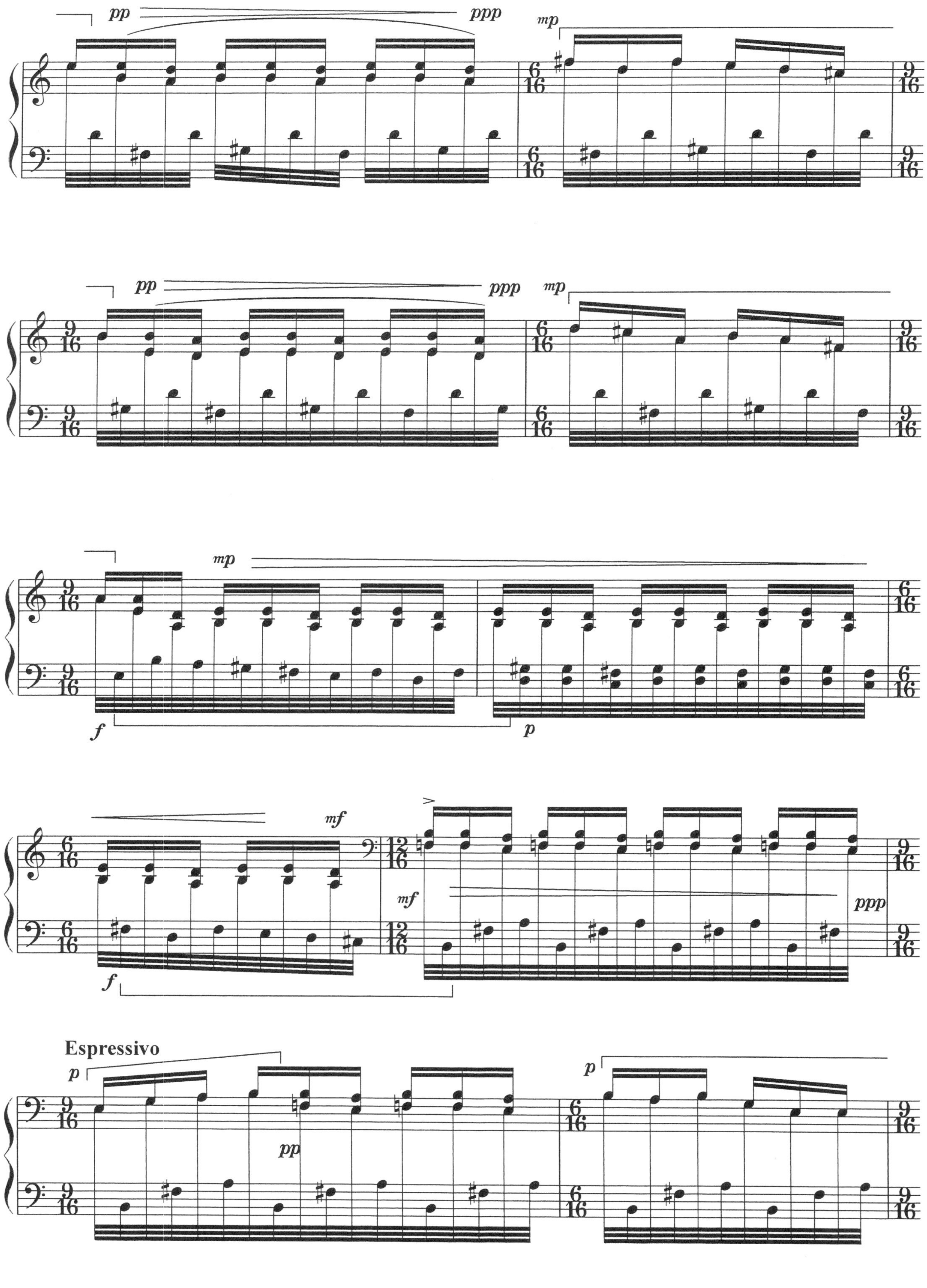
pp
ppp
mp
mp
f
p
mf
mf
ppp
f
Espressivo
p
pp
p

pp
mp
pp
mp
p
mf
mf
f
ff
Grandioso ♪. ≒ 88
fff

Risoluto
♪. ≒72
f
mf
rit.
mp
ppp
Con grazia
♪ ≒69
pp
ppp
p
pp
pp

poco accel.
poco rit.
a tempo (♪.≒69)
poco a poco rit e dim.
rit.
Soave
♪≒58 roll all notes
rit.
Cantabile (♪.≒80~84)

mf
f
sf
sf
sf
sf
ff
8va

mf
f
mf
p
pp
ppp
pp
p
mp
mf
f
ff
ff
rit.
cresc.
fff

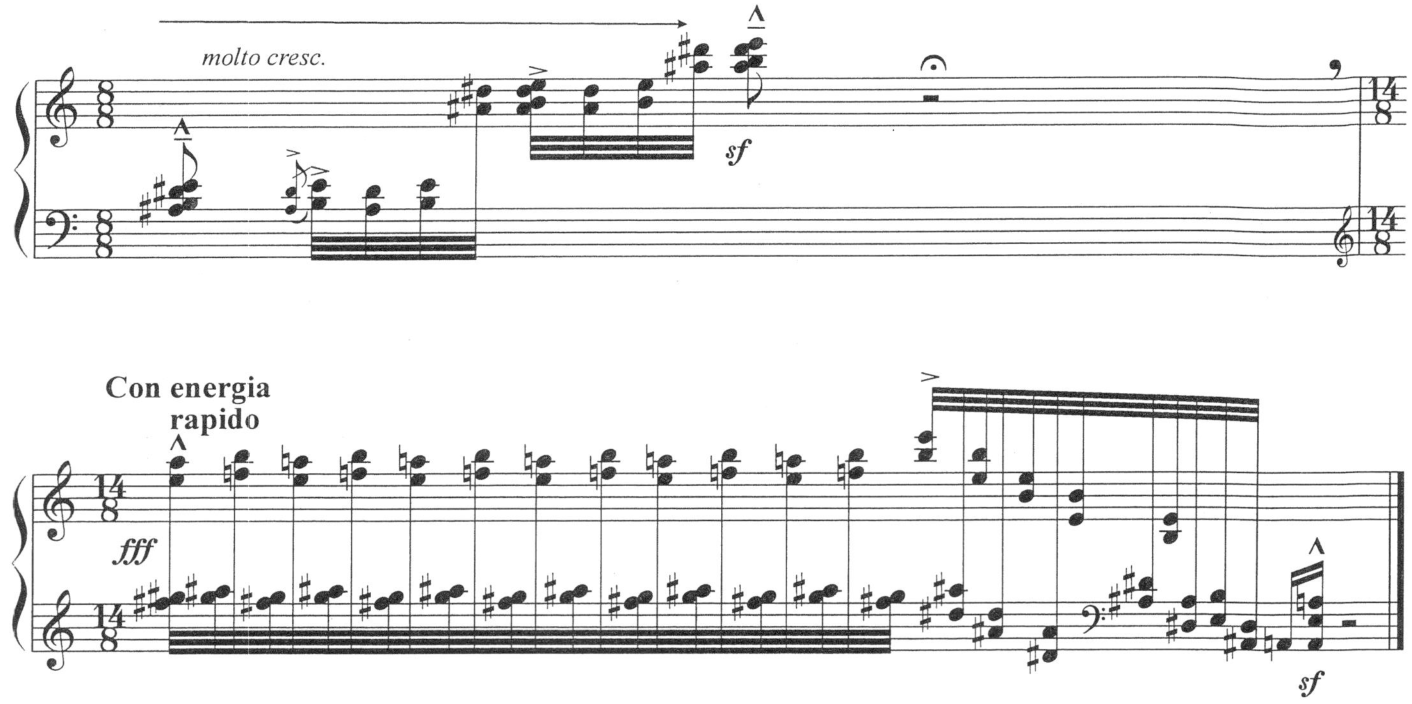
molto cresc.
sf
Con energia
rapido
fff
sf